子ども体幹トレーニング

監修：澤木一貴
（SAWAKI GYM）

① 背すじがシュッ！

すずき出版

はじめに

　家の人や先生に「姿勢がわるいから、背すじをのばしなさい」といわれたことはないかな？　いわれたときは、気をつけて正しい姿勢になるように背すじをピンとはったけど、すぐにつかれてふにゃっと背中が丸まってしまった経験のある人がいるかもしれないね。

　そうなってしまう原因は、「体幹」の筋肉の弱さにあるんだ。体幹とは、手足や頭、首をのぞいた胴の部分に、肩の関節や股関節をくわえた部分のこと。ブレない体をつくったり、スポーツなどで動き出したりするときに、体幹の筋肉は大切だよ。

　このシリーズでは、あらゆる動作の基本となる体幹の筋肉をきたえる体幹トレーニングのやり方を解説しているんだ。1巻「背すじがシュッ！」では、正しい姿勢をたもつのに役立つ体幹トレーニングを紹介するよ。2巻「ブレずにピタッ！」では、いろいろな動作をしているときに必要なバランス能力を高めるのに役立つ体幹トレーニングを紹介。3巻「スポーツでキラッ！」では、さまざまなスポーツの動作に役立つ体幹トレーニングを紹介するよ。

　スポーツがあまり得意ではない人も、もっとうまくなりたい人も、楽しくできるトレーニングだよ。この本を通して、みんなが体を動かす楽しさを体験してくれたらうれしいな。

澤木一貴
（SAWAKI GYM）

もくじ

この本の使い方

本書で紹介しているトレーニング名の一部は、みんなが
やってみたくなるように、編集部でアレンジしました。

QRコード

トレーニング名の
左上についている
QRコードから、
体幹トレーニング
の動画を見ること
ができます。

ポイント

体幹トレーニング
をするうえで気を
つける点や、意識
して行ってほしい
点を解説します。

効果のあるところ

体のどの部分に効果があるのかを
イラストで紹介します。

チャレンジ

メインの体幹トレー
ニングを発展させたト
レーニングを紹介しま
す。動きを少しかえた
ものや、負荷を強くし
たものがあります。

敵とバトル!

体幹トレーニングをし
て、体幹を弱らせる敵
をやっつけていくこと
で、ゲーム感覚で楽し
くトレーニングを進め
ることができます。

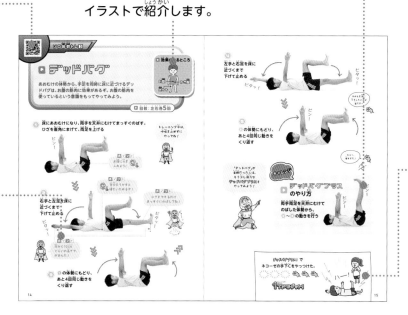

 この本をよく読んで、動画で動きを確認しながら安全にトレーニングを行おう!
できるだけ、おとなの人に見ていてもらおう!

はじめよう！体幹トレーニング

5

ダイナミックストレッチ

ダイナミックストレッチは、体を軽く動かしながら筋肉をのばす運動だよ。スムーズに動ける体をつくり、ケガをふせぐ効果があるんだ。体幹トレーニングをする前にしっかりとやろう！

バナナストレッチ（左右交互に3回ずつ）

1 手を組み、手のひらを天井にむけてまっすぐにのばす

のび～

ムムッ！ストレッチをし出したな!?

ポイント
足は腰はばぐらいに開こう！

2 のび切った状態のまま、体をゆっくりと横にたおし、わき腹をのばす

イーグルストレッチ（左右交互に5回ずつ）

1 まっすぐに立つ

イーグル（鷲）が羽を広げるところをイメージするんだ！

2 両手を前に出しながら右足を1歩前に出す

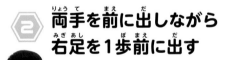

3 Yの形になるように両手を開きながら、鼻から大きく息をすいこむ

ポイント
前に出した足に体重をのせてね！

ピン！

スー

ポイント
胸をしっかりとはろう！

4 鼻から息をはきながら右足をもとの位置にもどし、**1**の体勢にもどる

▶ ツバメストレッチ（左右交互に5回ずつ）

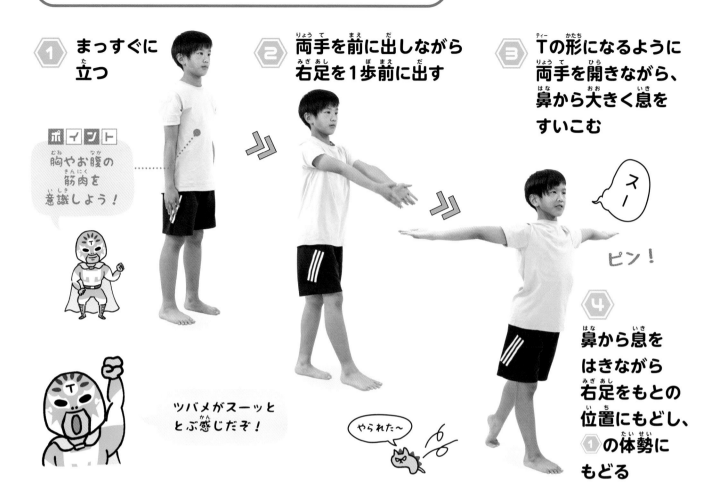

① まっすぐに立つ

ポイント
胸やお腹の筋肉を意識しよう！

ツバメがスーッととぶ感じだぞ！

やられた〜

② 両手を前に出しながら右足を1歩前に出す

③ Tの形になるように両手を開きながら、鼻から大きく息をすいこむ

スー

ピン！

④ 鼻から息をはきながら右足をもとの位置にもどし、①の体勢にもどる

▶ ダンゴムシストレッチ（左右交互に5回ずつ）

③のあとは右足をもとの位置にもどし、①の体勢にもどるよ！

① まっすぐに立つ

スー

② 鼻から息をすいながら両方の手のひらが耳の後ろにくるように、ひじを上げて、右足を1歩前に出す

グーン

フー

③ 鼻から息をはきながら、両手を前に大きくふり出して、ダンゴムシのように背中を丸める

なかなか
<ruby>手<rt>て</rt></ruby>ごわいな…

1

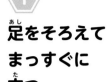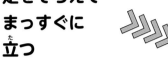

<ruby>足<rt>あし</rt></ruby>をそろえて
まっすぐに
<ruby>立<rt>た</rt></ruby>つ

2 <ruby>軽<rt>かる</rt></ruby>くジャンプした
ときに<ruby>手<rt>て</rt></ruby>と<ruby>足<rt>あし</rt></ruby>を<ruby>開<rt>ひら</rt></ruby>く

3

<ruby>足<rt>あし</rt></ruby>を<ruby>開<rt>ひら</rt></ruby>いたまま
<ruby>着地<rt>ちゃくち</rt></ruby>すると<ruby>同時<rt>どうじ</rt></ruby>に、
<ruby>手<rt>て</rt></ruby>を<ruby>真上<rt>まうえ</rt></ruby>で
あわせる

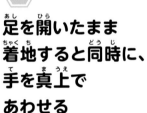

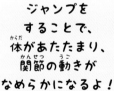

ジャンプを
することで、
<ruby>体<rt>からだ</rt></ruby>があたたまり、
<ruby>関節<rt>かんせつ</rt></ruby>の<ruby>動<rt>うご</rt></ruby>きが
なめらかになるよ！

ビョ〜〜ン

ピタッ！

5

<ruby>足<rt>あし</rt></ruby>をそろえて
<ruby>着地<rt>ちゃくち</rt></ruby>する

4 <ruby>軽<rt>かる</rt></ruby>くジャンプ
したときに
<ruby>手<rt>て</rt></ruby>を<ruby>下<rt>さ</rt></ruby>げ
<ruby>足<rt>あし</rt></ruby>を<ruby>閉<rt>と</rt></ruby>じる

身につけよう!

パワーポジション

パワーポジションは、「立つ」「すわる」「ジャンプする」などの動きをする前の、腰をおとして準備しているときの体勢だよ! さまざまな動きにおいて、パワーポジションは基本の体勢になるんだ。この本にも、パワーポジションをとる体幹トレーニングがたくさんあるので、身につけておこう!

ななめから

頭から腰まで
一直線になる

パワーポジションの
体勢をとれないと、
動き出すときに全身に
うまく力が伝わらないぞ!

股関節、ひざ、
足首をまげて
軽く腰をおとす

ひざとつま先が
同じ方向をむく

土ふまず（足のうらの内側・真ん中
あたり）に体重をのせる

正面から

手は胸の前で
あわせる

パワーポジションの
体勢をとってみよう!
どこかいたいところや、
つらいところがあって、
長くたもてなかったら、
ストレッチ（→6〜8ページ、
36〜37ページ）を
しっかりしてね!

足は肩はば
ぐらいに開く

9

きみの今の体幹をチェック！ 姿勢編

自分の体幹が、どれぐらいしっかりしているのか、下のチェックシートを使って調べてみよう。あてはまる □ に〇をつけてね。

※このページをコピーして使おう！

---

❶ すわっているとき、いつもどんな姿勢になっている？

ア □ 背すじが
のびている

イ □ 背中が丸まって、
口があいている

ウ □ イスの背もたれに
寄りかかっている

---

❷ 立っているとき、いつもどんな姿勢になっている？

ア □ 背中が
丸まっている

イ □ 背すじがのび、
肩から胸、腰に
かけてまっすぐに
なっている

ウ □ 胸を
はりすぎている

---

❸ 姿勢がわるいと、よく人にいわれる。 ┈┈┈ □ はい □ いいえ

❹ すぐにほおづえやひじをつく。 ┈┈┈ □ はい □ いいえ

**❺ 授業中やテレビを見ているとき、
口をあけていることが多い。** ┈┈┈ □ はい □ いいえ

❻ すわっているとき、よく足を組む。 ┈┈┈ □ はい □ いいえ

つぎの □ に〇をつけた人は、
2点ずつ入るよ！
❶ ア ❷ イ
❸ いいえ ❹ いいえ
❺ いいえ ❻ いいえ
ほかは**0点**。
きみは合計何点かな？

12点 ▸▸▸ 体幹マスター
きみの体幹はだいぶきたえられているね。これからもこの本の体幹トレーニングをつづけて、正しい姿勢をたもとう！

10〜4点 ▸▸▸ 体幹チャレンジャー
きみは体幹をもう少しきたえよう！ いつも正しい姿勢でいられるように、この本の体幹トレーニングをどんどんやってみよう！

2〜0点 ▸▸▸ 体幹見習い
きみは体幹が弱いようだ。この本の体幹トレーニングをしっかりやって、正しい姿勢をとりもどそう！

ここでは、正しい姿勢をつくるための体幹トレーニングのうち、いつでもどこでも、ひとりでできるトレーニングを10個紹介するよ。

▶ ベーシック鼻呼吸

鼻で呼吸をするだけで、お腹やろっ骨まわりの筋肉など、正しい姿勢をたもつために必要な筋肉がきたえられるよ。まずは、鼻呼吸を身につけよう。

▶ 効果のあるところ

ろっ骨まわり / お腹

▶ 回数：**3**呼吸 ▶ 道具：イス

1 イスにすわり、両手をろっ骨のあたりにおく

ポイント
背すじはピンとのばそう！

1、2、3

スー

2 3秒かけて鼻から息をすう

ポイント
息をすうとき、ろっ骨が動いているかたしかめよう

1、2、3、4、5、6

3 6秒かけて鼻から息をはく

フー

ポイント
息をはいているときも、ろっ骨が動いているかな？

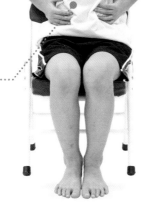

とばされる〜

ベーシック鼻呼吸！でネコーゼの手下Aをやっつけた。

トレーニングポイント
1TPをゲット！

ベーシック鼻呼吸プラス

ベーシック鼻呼吸ができたら、体を横にたおして
同じように鼻呼吸ができるかためしてみよう。

効果のあるところ

ろっ骨まわり　わき腹

▶回数：左右各**3**呼吸　▶道具：イス

1
イスにすわり、右の手のひらを
耳の後ろにつけてひじを開く。
左の手のひらは右の
ろっ骨のあたりにそえる

ポイント
ひじが天井を
むくようにしよう

グーン

1、2、3
。

スー

2
体を左にたおし、
3秒かけて
鼻から息をすう

ポイント
足のうらは
床にぴったりと
つけるぞ！

1、2、3、
4、5、6
。

3
体をたおした体勢の
まま、6秒かけて
鼻から息をはく

スー

3回鼻呼吸をしたら、
手を入れかえて、
反対側に体をたおして
くり返すぞ

ベーシック鼻呼吸プラス！で
ネコーゼの手下Bをやっつけた。

1TPをゲット！
トレーニングポイント

13

▶ デッドバグ

あおむけの体勢から、手足を同時に床に近づけるデッドバグは、お腹の筋肉に効果があるぞ。お腹の筋肉を使っているという意識をもってやってみよう。

▶ 効果のあるところ

お腹　わき腹　太もも

▶ 回数：左右各5回

1 床にあおむけになり、両手を天井にむけてまっすぐのばす。ひざを直角にまげて、両足を上げる

ピン！

トレーニング中は、呼吸を止めずにやってね！

ポイント
お腹に力を入れよう！

ポイント
背中をうかすと腰をいためるぞ！

ポイント
ひざをできるだけまっすぐにのばしてね！

2 右手と左足を床に近づくまで下げて止める

ピタッ！

ピタッ！

ビョーーン

ポイント
床から10cmぐらいの高さで、がまんだ！

3 **1**の体勢にもどり、あと4回同じ動きをくり返す

④ 左手と右足を床に
近づくまで
下げて止める

ピタッ！

ピタッ！

かかとを床に
下ろしちゃえば
楽だぞ〜

⑤ ③の体勢にもどり、
あと4回同じ動きを
くり返す

ピン！

ひぇ〜、
強すぎだ！

「デッドバグ」が
楽勝だった人は、
もう少し強力な
デッドバグプラスを
やってみよう！

チャレンジ

▶ デッドバグプラス
のやり方

両手両足を天井にむけて
のばした体勢から、
②〜⑤の動きを行う

ピン！

ピン！

ピン！

デッドバグプラス！で
ネコーゼの手下Cをやっつけた。

ハー！

1TP（トレーニングポイント）をゲット！

▶ キャットツイスト

背すじをのばしたまま体をひねろう。これができると
正しい姿勢をたもつばかりでなく、スポーツをすると
きにも役立つ筋肉がきたえられるぞ。

▶ 効果のあるところ

お腹　背中　わき腹

▶ 回数：左右各5回

❶ 四つんばいの体勢から、
おしりをかかとに
つけてすわる

ポイント
背すじをのばして、
足の指は立てておこう！

❷ 右の手のひらを
耳の後ろにつける

ポイント
床についている
手の位置は
動かさないよ！

トレーニング中は
呼吸を止めずに
やってね！

❸ 胸を開いて
体をひねり、もどす。
同じ動きをあと
4回くり返す

ひねり！

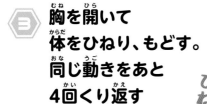

ポイント
ひねるときは、
あごを上げないよ
うにしよう！

5回おわったら、
手を入れかえて、
反対側に同じ動きを
しよう！

「キャットツイスト」が楽勝だった人は、
体勢をかえて体をひねってみよう

▶ キャットツイストプラスのやり方

四つんばいの体勢から、
体をひねる

ひねり！

▶ キャットツイストマックスのやり方

四つんばいの体勢から、ひねるほうと反対側の足を上げて体をひねる

ひねり！

キャットツイストマックスを
グラグラせずに左右5回ずつできたら、
だいぶ体幹がきたえられた
といえるよ！

ビョーーン

キャットツイスト！で
ネコーゼの手下Dをやっつけた。

1TPをゲット！

ハッ！

オールフォース
スタビリティ

正しい姿勢をたもつために必要な、お腹や背中の筋肉をきたえるぞ。また、足をのばすときにおしりをしめるので、スポーツをするときに大切なおしりの筋肉もきたえられるよ。

▶ 効果のあるところ

背中
お腹
わき腹
おしり

▶ 回数：左右各1回

1 四つんばいの体勢になる

横から

正面から

トレーニング中は、呼吸を止めずにやってね！

ポイント
手は肩はばと同じぐらいの位置につこう！

ポイント
おしりがしまっていくのを感じよう！

2 左腕と右足をのばしていく

1、2、3、…10！

ポイント
頭からかかとまで一直線になるようにしよう

ピタッ！

3 左腕と右足をまっすぐにのばして、その体勢を10秒間たもつ

ピタッ！

ムムッ！できるな、こいつ！

④ 四つんばいの体勢にもどってから、右腕と左足をのばす

ピタッ！

1、2、3、…10！

ピタッ！

⑤ 右腕と左足をまっすぐにのばして、その体勢を10秒間たもつ

チャレンジ

「オールフォーススタビリティ」が楽勝だった人は、オールフォーススタビリティマックスにチャレンジだ！

▶ オールフォーススタビリティマックスのやり方

つま先を床からうかした体勢で、オールフォーススタビリティを行う

ピタッ！

ピタッ！

オールフォーススタビリティマックス！ 会心の一撃！
ネコーゼの手下EとFをやっつけた。

まだまだ〜

2 TP をゲット！

ネコーゼがネコーゼ四天王を召喚した。

そんな〜 だいじょうぶ！

クッション ダウンアップ

正しい姿勢をたもつためには、筋肉だけでなく関節の動きも大切だ。低い体勢から一気にのび上がる運動で、関節をしっかり動かそう。

効果のあるところ

股関節　肩　お腹　おしり　足関節　ひざの関節

▶回数：**10**回　▶道具：クッション

1 クッションを両手でもち、パワーポジション（→9ページ）の体勢になる

クッションを両手でもつことで左右バランスよく筋肉をきたえられるよ!

2 おしりを引いてかがみ、クッションを床に近づくまで下げる

ポイント
腕はのばすぞ!

ポイント
ねこ背にならないようにしよう!

3 すばやくひざをのばしてのび上がり、クッションを真上にもち上げて止まる

ピタッ

ポイント
腕はのばしたままだよ!

ギュン

ピン!

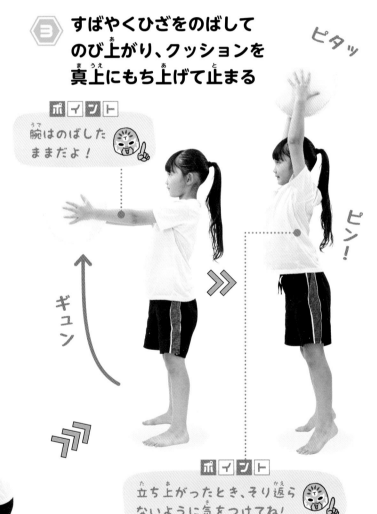

ポイント
立ち上がったとき、そり返らないように気をつけてね!

クッションダウンアップ! でネコーゼ四天王1をやっつけた。

2TP（トレーニングポイント）をゲット!

ヤー!

タオル ダウンアップ

ふだん、なかなか意識しない背中の筋肉をきたえるトレーニングだ。パワーポジションの体勢でタオルを上げ下げすることで、背中の筋肉をきたえ、ねこ背をふせぐぞ。

▶効果のあるところ

肩 背中 お腹 太もも おしり

▶回数：**10**回 | ▶道具：タオル

1 胸の前にタオルを両手でもったパワーポジションの体勢から、鼻から息をすいながら腕を上げる

スー

フー

2 タオルが真上にきたら、鼻から息をはきながら腕を下げる

ポイント
つま先に体重をのせよう！

タオルダウンアップ！で
ネコーゼ四天王2をやっつけた。

2TPをゲット！

ハーフニーリング
タオルダウンアップ

片ひざをつけた体勢でタオルダウンアップ（→21ページ）を行うため、姿勢がくずれやすいぞ。お腹の筋肉をきたえるのにいっそう効果的なトレーニングだ。

▶効果のあるところ

肩　背中　お腹　太もも

▶回数：左右各5回　　▶道具：タオル

1 胸の前にタオルを両手でもった体勢で左ひざを床につける

正面から

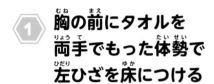

グッ

ポイント
腕はしっかりのばそう

ポイント
ずっとお腹に力を入れておくよ

タオルの上げ下げなんてやめちゃえよ〜

横から

ポイント
右足はしっかりと床をふみしめてバランスをとろう

グッ

ポイント
足の指は立てるぞ！

ポイント
ひざがつま先より前に出ないように気をつけよう

② 鼻から息をすいながら腕を上げる

③ タオルが真上にきたら、鼻から息をはきながら腕を下げる

正面から

ポイント

タオルが頭の後ろまでいきすぎると、腰がそってしまう！頭の上で止めよう

×

○

横から

②～③が5回おわったら足を入れかえて、同じ動きを5回しよう！

ビョーーン

ハーフニーリングタオルダウンアップ！でネコーゼ四天王3をやっつけた。

2TPをゲット！ トレーニングポイント

23

▶ バーティカルタオルバック

タオルで背中をこする動きをすると、背中の筋肉がほぐれてやわらかくなるぞ。しなやかな背中の筋肉は、正しい姿勢をたもつのに大切なのだ。

▶ 回数：左右各**5**回　▶ 道具：タオル

▶ 効果のあるところ

背中　肩

1 右手でもったタオルを右肩に背おい、左手は写真のようにタオルをつかむ。背中をこするようにして、タオルを引っぱり上げる

ポイント

タオルはできるだけ垂直になるようにピンとはろう

ゴシ

↑

「バーティカルタオルバック」が楽勝だった人はバーティカルタオルバックプラスをやってみよう！

チャレンジ

▶ バーティカルタオルバックプラスのやり方

片足で立ったまま、バーティカルタオルバックを行う

ゴシ　≫　ゴシ

ゴシ

↓

2 右手がのび切ったら、タオルを引き下げる

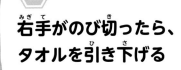
5回おわったら、左手を上にして同じ動きをしよう！

バーティカルタオルバックプラス！でネコーゼ四天王4をやっつけた。

2TPをゲット！

トーッ

▶ シッティングボウ

背すじをまっすぐにのばした状態でおじぎをするだけで、正しい姿勢をたもつために必要な筋肉をきたえることができるよ。

▶ 効果のあるところ
背中
お腹
股関節

▶ 回数：**10**回　　▶ 道具：イス

1 イスにすわって、両方の手のひらを耳の後ろにつける

トレーニング中は呼吸を止めずにやってね！

ポイント
ひじを開いて、背すじをしっかりとのばそう！

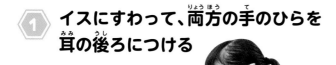

背中を丸めたほうが楽だぞ～

2 背すじをのばした体勢で体を前にたおしておじぎをし、もとにもどる

ポイント
たおしたときにねこ背にならないように気をつけよう！

背すじをのばしたまま、だんだんおじぎを深くしていこう！

シッティングボウ！でネコーゼにアタック！
ネコーゼはにげ出した。

2TPをゲット！

おぼえてろよ～
やったね

25

おしえて

体幹マン！🤼 鼻呼吸のひみつ

ベーシック鼻呼吸（→12ページ）やベーシック鼻呼吸プラス（→13ページ）、タオルダウンアップ（→21ページ）など、鼻呼吸を意識して行う体幹トレーニングがあったね。じつは鼻呼吸は、トレーニングだけでなくふだんの生活でも大切だぞ。鼻呼吸の役割をおしえてあげよう！

❶ 口で呼吸をしているのは人間だけ!?

人間以外のほ乳類は、基本的に鼻で呼吸していて、口では呼吸をしていないんだ。

人間もふだんは鼻で呼吸をしているぞ。でも、人間は言葉を話すときに、こまかく息をすったり、はいたりする必要があるから、口でも呼吸ができるんだ。

イヌのように、体温調節をするために口呼吸する動物もいるぞ！

❷ 鼻呼吸ができなくなると、どうなる!?

鼻呼吸ができなくなって、口呼吸ばかりしていると、ねこ背になってしまうぞ。

口呼吸をしようとふだんから口をあけたままにしていると、舌の位置が下がるんだ。すると、下がった舌によって、「気道」という空気の通り道がせまくなって呼吸がしづらくなるよ。空気をなんとかとり入れようと、頭を前につき出して背中が丸まり、ねこ背になってしまうんだ。

だから体幹トレーニングのときはもちろん、ふだんから鼻呼吸を意識して、正しい姿勢と強い体を手に入れよう！

鼻呼吸なら、小さなごみやバイキンが空気といっしょに入ってきても、鼻毛や鼻の中の粘膜にガードされるから、病気にかかりにくいんだ

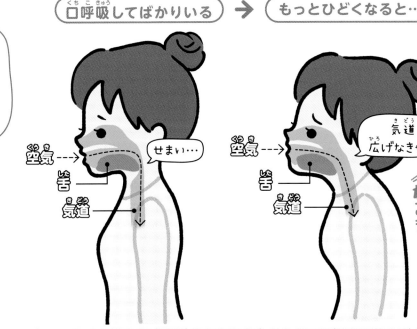

口呼吸してばかりいる　→　もっとひどくなると…

空気→　舌　気道　せまい…

空気→　舌　気道　気道広げなきゃ！　ねこ背になる！

ペア体幹トレ

正しい姿勢をたもつための体幹トレーニングの中から、家族や友だちといっしょに行うことができるトレーニングを5個紹介するよ。

キープ フリージング1

どんなときも正しい姿勢をたもつためには、しっかりとした体幹が必要なんだ。ペアの相手に押してもらうキープフリージングで体幹をきたえよう。

効果のあるところ

お腹　背中　わき腹

▶ **回数:左右3秒ずつ×2回**

1

まっすぐ立った人の横に、もうひとりが立つ

「フリージング」とはこおらせることだぞ！

がまん！がまん！

ポイント
肩はばぐらいに足を開いて立ち、お腹に力を入れよう！

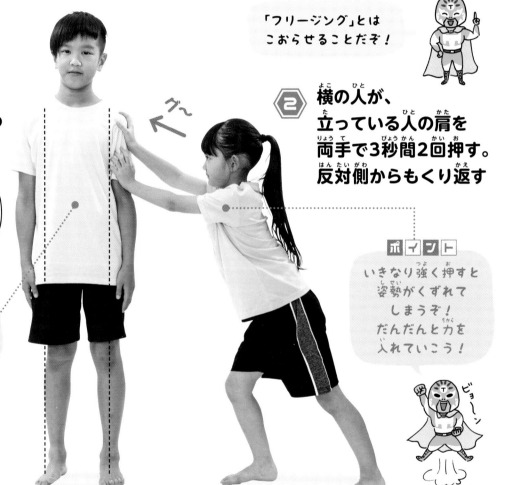

グ～

2

横の人が、立っている人の肩を両手で3秒間2回押す。反対側からもくり返す

ポイント
いきなり強く押すと姿勢がくずれてしまうぞ！だんだんと力を入れていこう！

ビョ～ーン

姿勢をくずさないように、たえるんだ！

キープフリージング1！でネオ・ネコーゼにアタック！

ネオ・ネコーゼがひるんでいる。

2TPを
ゲット！

テイッ

▶ キープ フリージング②

パワーポジションは、「ジャンプする」や「走る」などのさまざまな動きの基本の体勢だ。パワーポジションの体勢で押されてもびくともしない体幹をつくれたら、スポーツにも役立つぞ。

▶ 効果のあるところ

お腹　背中　股関節　わき腹　太もも　おしり

▶ 回数：左右3秒ずつ×2回

ぜったいに動かないぞ！

トレーニング中は、呼吸を止めずにやってね！

グ～ ←

1 パワーポジションの体勢になった人の横に、もうひとりが立つ

2 横の人が、パワーポジションをしている人の肩を両手で3秒間2回押す。反対側からもくり返す

動いちゃえよ～

ポイント

パワーポジション（→9ページ）の体勢をもう一度チェック！

キープフリージング②！でネオ・ネコーゼにアタック！

ネオ・ネコーゼが目をまわしている。

2TPをゲット！

ピョ　ピョ

▶ ツイストタッチ

ツイストタッチは、背すじをのばして行わないと、相手と
うまくタッチできないぞ。背すじをのばして、しっかりと
体をひねろう。

▶ **効果のあるところ**

わき腹　背中　おしり

▶ 回数：左右交互に**5**回ずつ

1 たがいに背中をむけて立ち、
肩はばに足を開く

せーの！

ひねったときにかかとが
上がってしまう人は、ひざを
まげると上がらなくなるよ

2 「せーの！」の合図で、
同時に体をひねってふりむき、
両手でタッチする

タッチ

ビョーーン

ポイント

ひねったときも、つま先を
前にむけたまま、できるだけ足の
位置をかえないようにしよう！

ポイント

タッチした
ときに、相手を
押さないでね！

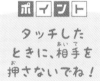

左右交互に5回ずつ
同じ動きを
くり返してね！

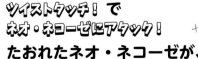

ツイストタッチ！で
ネオ・ネコーゼにアタック！
たおれたネオ・ネコーゼが、
あやしい光につつまれた。

な、なんだ！

ごろん...

2TPをゲット！

クッション
トンネルスロー

ものを投げる動きは、ブレない体幹をつくるだけでなく、体幹の筋肉の使い方をおぼえるうえでも大切だ。クッショントンネルスローで、体幹の筋肉の使い方を感じよう。

▶ **効果のあるところ**

お腹　おしり

▶ 回数：交互にひとり**3回**ずつ　　▶ 道具：**クッション**

 -1

クッションを両手でもった浅めのパワーポジション（→9ページ）の体勢から、いきおいよく上半身を前にたおす

1 -2

もうひとりは
1〜2mぐらい
はなれて立つ

ムッ？
あそんでんの？

ポイント
下半身の
パワーポジションの
体勢はくずさない
ようにしよう！

2 またの下からクッションを投げる

ポイント
相手がキャッチ
しやすいように
山なりに投げよう！

③ 投げたクッションをキャッチする

④-1
投げた人は
おき上がって、
反対側をむく

④-2
クッションを
キャッチした人は
後ろをむき、
同じように投げる

「クッショントンネルスロー」で
つくったブレない体幹を生かして、
テニスボールジャグリングを
やってみよう！

チャレンジ

▶ テニスボールジャグリングのやり方

▶ 道具：テニスボール2個

これまで使っていたクッションが、小さなテニスボールにかわると、
キャッチするのがむずかしくなるよ。

① テニスボールを
もってふたりが
むかいあう

ポイント
浅めのパワーポジション
（→9ページ）の体勢をとって、
すばやく反応できる
ようにしよう

② 「せーの！」の
合図（あいず）で、同時（どうじ）に
テニスボールを投（な）げる

せーの！

③ 投（な）げた手（て）と
反対側（はんたいがわ）の手（て）でキャッチし、
その手（て）で同（おな）じように投（な）げる

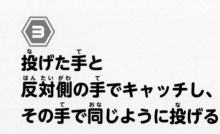

ペアのきょりが
近（ちか）いところから
はじめよう！
なれてきたら、
きょりをはなして
やってみてね

テニスボールジャグリング！で
ネオ・ネコーゼにアタック！

ネオ・ネコーゼをやっつけた…
と思（おも）ったら、光（ひかり）の中（なか）から
ギガ・ネコーゼがあらわれた。

ギャオ〜ン!!

うわ〜っ

3 TPをゲット！
トレーニングポイント

シーソークッションスロー

投げる動きとお腹の筋肉をきたえる動きを、同時に行うトレーニングだよ。正しい姿勢をたもつための筋肉だけでなく、スポーツに役立つ筋肉もきたえられるぞ。

▶ 効果のあるところ

お腹 — 太もも

▶ 回数：交互にひとり**3**回ずつ　▶ 道具：クッション

① たがいにむきあってすわり、両ひざをまげて足をはさみあう。ひとりがクッションをもってねころぶ

ポイント
体格に差があるときは、大きい人がはさんであげよう

くるぶしの骨があたっていたいときは、足にタオルをはさもう

② おき上がるいきおいでクッションを相手にパスする

ポイント
トレーニング中、なるべく足をうかさないように気をつけよう

③ クッションをパスされた人は
キャッチしながらねころぶ

ポイント
ねころんだとき、頭を床に
ぶつけないようにしよう。
頭をうかせたままのほうが、
お腹にきくぞ

④ キャッチした人は
おき上がるいきおいで
投げ返す

⑤ ①〜④の動きを
あと2回くり返す

やりにくいときは、
ひざをまげる角度を
浅くするといいよ

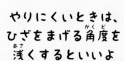

シーソークッションスロー！で
ギガ・ネコーゼにアタック！

ギガ・ネコーゼを
やっつけた。「正しい姿勢」を
たもてる体幹を身につけた。

STPをゲット！

▶ スタティックストレッチ

スタティックストレッチには、筋肉をゆっくりとのばして
その状態をたもつことで、運動してこわばってしまった
筋肉をほぐす効果があるんだ。筋肉をこわばったままに
すると、つかれがとれにくくなるから、体幹トレーニングの
あとはしっかりとほぐそう！

▶ ハムストリングスストレッチ（左右各30秒）

だいたい30秒で
いいよ！

1 右足をのばし、つま先を天井に
むける。足のうらを両手でもって、
ハムストリングスをのばす

グ〜

ハムストリングス（太もものうら側の筋肉群）を
より正確にほぐすために、上のようにタオルを使う
ストレッチもやってみよう。足が上がるかな？

▶ クアドストレッチ（左右各30秒）

1 左足をのばして右足のひざをまげ、両腕で体を
ささえながら、後ろにゆっくりとたおす

ポイント

まげた足の太ももの
前側をしっかり
のばすぞ！

▶ チキンウィング（左右各 **30**秒）

① 右ひじを
左手でもち、
頭の後ろで
引っぱる

正面から

後ろから

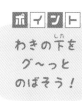

ポイント

わきの下を
グ〜っと
のばそう！

▶ アームハグ（左右各 **30**秒）

① 体は正面をむいたまま、右腕をのばし
ひじを左腕で固定してから
背中側に引っぱる

ストレッチ中は、
呼吸を止めずに
やってね！

ビョ〜〜ン

▶ チェストストレッチ（**30**秒）

① 背中側で手を組み、
腕を上げて胸をはる

チェストストレッチを
したまま、体を前に
たおすと、腰や太ももの
筋肉をほぐせるぞ！

トレーニングを組み立ててみよう！
全力体幹チャレンジ！

トレーニングを一度すれば、体幹がきたえられるというわけではないぞ！　正しい動きを正確につづけることが大切なんだ。

また、ひとりひとりがもっている筋力にあわせて、無理なくトレーニングを行うことも大切だよ。

「きみの今の体幹をチェック！」（→10ページ）で体幹見習いだったら初級から、体幹チャレンジャーは中級から、体幹マスターは上級にチャレンジしてみよう！

ぐ〜！
このトレーニングを
つづけられたら、
なかなか
とりつけないぞ…

初級 チャレンジコース

ダイナミックストレッチ
バナナストレッチ（→6ページ）
イーグルストレッチ（→6ページ）

ベーシック鼻呼吸
（→12ページ）

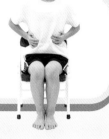

デッドバグ（→14ページ）

タオルダウンアップ
（→21ページ）

ツイストタッチ
（→30ページ）

スタティックストレッチ
ハムストリングスストレッチ
（→36ページ）
チキンウィング（→37ページ）

チャレンジ
コース 中級

チャレンジ
コース 上級

ダイナミックストレッチ
バナナストレッチ（→6ページ）
イーグルストレッチ（→6ページ）
ダンゴムシストレッチ（→7ページ）

ダイナミックストレッチ
バナナストレッチ（→6ページ）
ツバメストレッチ（→7ページ）
ダンゴムシストレッチ（→7ページ）
ジャンピングジャック（→8ページ）

ベーシック鼻呼吸プラス
（→13ページ）

**オールフォース
スタビリティ**（→18ページ）

キャットツイスト
（→16ページ）

**クッションダウン
アップ**（→20ページ）

**ハーフニーリング
タオルダウンアップ**
（→22ページ）

**バーティカルタオル
バックプラス**（→24ページ）

**キープ
フリージング1**
（→28ページ）

シッティングボウ
（→25ページ）

**クッション
トンネルスロー**
（→31ページ）

キープフリージング2
（→29ページ）

スタティックストレッチ
ハムストリングスストレッチ
（→36ページ）
クアドストレッチ（→36ページ）
アームハグ（→37ページ）

**シーソークッション
スロー**（→34ページ）

スタティックストレッチ
ハムストリングスストレッチ（→36ページ）
クアドストレッチ（→36ページ）
チェストストレッチ（→37ページ）

[さくいん]

[監修] 澤木一貴（さわきかずたか）

株式会社SAWAKI GYM代表取締役／パーソナルトレーナー

整形外科トレーナーや専門学校の講師として延べ10,000人以上のトレーナーを指導。雑誌『Tarzan』など300冊以上の監修や、多数のトレーニング系書籍、DVDを監修。全国のフィットネスクラブ・ジム・一般企業・学校などで講演を行っている。講演会等のお問い合わせはinfo@sawakigym.comまで。

子ども体幹トレーニング
① 背すじがシュッ!

2022年2月7日　初版第1刷発行

監修　　澤木一貴
発行者　西村保彦
発光所　鈴木出版株式会社
　　　　〒101-0051　東京都千代田区神田神保町2-3-1
　　　　岩波書店アネックスビル 5F
電話　　　　03-6272-8001
ファックス　03-6272-8016
振替　　　　00110-0-34090
ホームページ　http://www.suzuki-syuppan.co.jp/
印刷　　　株式会社ウイル・コーポレーション

撮影・動画編集
磯﨑威志 (Focus & Graph
Studio Photographer)

撮影協力
一般社団法人日本こどもフィットネス協会

モデル
長橋奏星、栗島美瑚
(JKFA公認クラブFFK YOKOHAMA)

装丁・本文デザイン
株式会社参画社

イラスト
石井里果

校正
夢の本棚社

編集協力
杉本麻維

編集制作
株式会社童夢